Mein Körper

Einfach gut erklärt von Isabelle Erler,
mit Bildern von Friederike Rave

Die Bausteine des Körpers

Der menschliche Körper besteht aus unzähligen **Zellen**. Sie sind die kleinsten Bausteine jedes Lebewesens. Der Mensch hat viele unterschiedliche Zellarten: Muskelzellen, Knochenzellen, Gehirnzellen, Nervenzellen ... Jede Zellart hat eigene Aufgaben und eine spezielle Form.

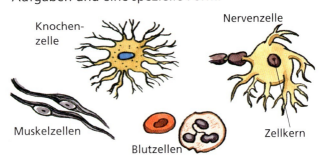

In ihren Grundbestandteilen gleichen sich die Zellen: Fast alle besitzen eine Zellmembran (so nennt man die Hülle), flüssiges Zellplasma und einen Zellkern. In diesem Kern befindet sich auch die **DNA**.

Auf dem DNA-Strang liegen die Erbinformationen

Eine Wissenschaftlerin untersucht Zellen unter dem Mikroskop

Die DNA besteht aus Genen. Diese enthalten die **Erbinformationen**, zum Beispiel unsere Augenfarbe oder die Körpergröße.

Unter der Lupe

Die meisten Zellen kann man nur unter einem Mikroskop erkennen. Es gibt Lebewesen, die nur aus einer Zelle bestehen. Sie heißen Einzeller. Algen, Bakterien und Pilze können Einzeller sein.

Knochige Angelegenheit

Die **Knochen** bilden das Skelett des Körpers, sie geben uns Halt. Außerdem schützen manche Knochen Teile des Körpers. Die Rippen geben zum Beispiel Herz und Lunge Schutz, die Schädelknochen dem Gehirn. Wir kommen mit mehr als 300 Knochen auf die Welt. Manche davon wachsen im Laufe der Zeit zusammen, darum haben wir als Erwachsene nur noch etwa 200 Knochen.

Skelett

Knochenmark

Knochenhaut

Nerven und Blutgefäße

Wie halten Knochen zusammen?

Bänder sorgen dafür, dass die Knochen an den Gelenken nicht auseinanderfallen. Sie verbinden den einen Knochen mit dem anderen. Die **Sehnen** wiederum verbinden die Knochen mit den Muskeln, damit diese die Knochen bewegen können.

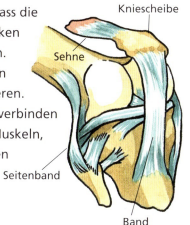

Kniescheibe
Sehne
Seitenband
Band

Eine bewegliche Verbindung zwischen zwei Knochen heißt **Gelenk**.

Schultergelenk

Schon gewusst?

Knochen sind stabil und fest, weil …
a) in ihnen Kalksalze eingelagert sind.
b) sie aus Beton bestehen.
c) wir sonst echt doof aussehen würden.

Lösung: a)

I like to move it

Mit Hilfe der **Muskeln** bewegen wir unsere Knochen, aber auch die Lunge, den Mund und die Augen. Es gibt Muskeln, die wir bewusst steuern können, zum Beispiel unsere Handmuskeln oder unsere Beinmuskeln. Andere Muskeln können wir nicht beeinflussen, dazu gehören die Herzmuskulatur und die Muskeln des Darms. Das ist gut so! Stell dir vor, du würdest vergessen, diesen Muskeln Anweisungen zu geben …

Muskeln ermöglichen Bewegung – manche Menschen können sogar mit den Ohren wackeln

Beuger

Strecker

Oft müssen für eine Bewegung zwei Muskeln zusammenarbeiten. Diese Muskeln nennt man **Beuger** und **Strecker**. Hebst du ein Glas an, zieht sich der Beuger des Oberarms zusammen, der Bizeps. Dein Unterarm bewegt sich nach oben. Um den Arm zu senken, zieht der Strecker des Oberarms, der Trizeps, sich zusammen. Dabei zieht er den Bizeps wieder auseinander.

So verlaufen einige Gesichtsmuskeln

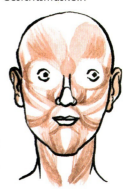

Eine Menge Muskeln

Der Mensch hat 26 Gesichtsmuskeln. 8 davon sind für den Gesichtsausdruck, die Mimik, verantwortlich. Mit ihrer Hilfe können wir etwa wütend oder fröhlich schauen. Im gesamten Körper gibt es über 650 Muskeln.

Haut und Haar

Unser Körper ist von **Haut** bedeckt. Sie schützt uns vor Verletzungen und Krankheitserregern. Außerdem tasten und fühlen wir mit Hilfe der Haut. Und sie sorgt dafür, dass der Körper seine Temperatur von etwa 37 Grad Celsius hält. Ist es sehr heiß, schwitzt die Haut und kühlt den Körper mit Schweiß.

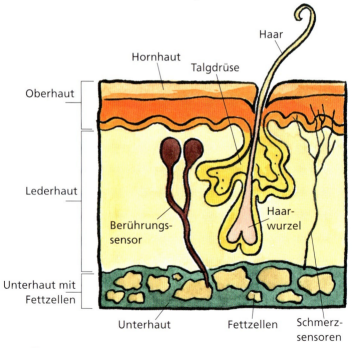

Hell oder dunkel?

Die Haut besteht aus drei Schichten: der **Oberhaut**, der **Lederhaut** und der **Unterhaut**. Die Oberhaut produziert Farbstoffe, die der Haut ihre Farbe geben. Bei manchen Menschen werden viele Pigmente produziert und ihre Haut ist dunkel, andere haben weniger Farbstoffe und eine helle Haut.

Haarsträubend!

In der Lederhaut liegen die Wurzeln unserer Haare. Ein Kopfhaar wächst etwa einen Zentimeter im Monat. Der Mensch hat zwischen 90 000 und 150 000 Haare auf dem Kopf. Jeden Tag fallen rund 100 aus.

Hören, sehen, riechen

Mit den **Sinnesorganen** nehmen wir unsere Umwelt wahr: Wir fühlen mit der Haut, riechen mit der Nase, schmecken mit der Zunge, hören mit den Ohren und sehen mit den Augen. Die Sinnesorgane nehmen Reize der Umwelt auf. Die Reize werden durch Nerven ins Gehirn weitergeleitet. Dieses verarbeitet den Reiz – und wir können auf unsere Umwelt reagieren. Das alles geschieht ungeheuer schnell.

Die Zunge schmeckt die einzelnen Geschmacksrichtungen an verschiedenen Stellen

● bitter   ● salzig

● sauer   ● süß

Im Gleichgewicht

Im Ohr befindet sich auch das **Gleichgewichtsorgan**. Es sorgt dafür, dass sich unser Körper auf seine Lage einstellen kann, egal ob er auf einer schiefen Ebene, auf dem Kopf steht oder im Bett liegt.

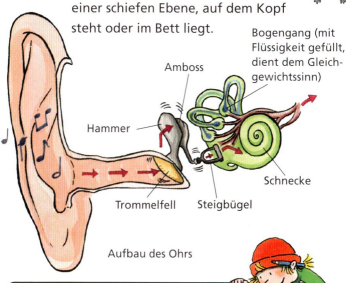

Aufbau des Ohrs

Nehmen unsere Sinne alles wahr?

Mit unseren fünf Sinnen können wir vieles unserer Umwelt erfassen. Es gibt aber auch Reize, für die wir keinen Sinn haben, zum Beispiel elektromagnetische Ströme oder radioaktive Strahlen.

Das Gehirn

Das **Gehirn** ist die Zentrale in unserem Körper. Es verwaltet, organisiert und steuert alles, was wir sehen, riechen, schmecken, hören, erleben, erfahren, fühlen und auch unser Verhalten. Außerdem werden vom Gehirn aus die Körperfunktionen und das Denken gesteuert.

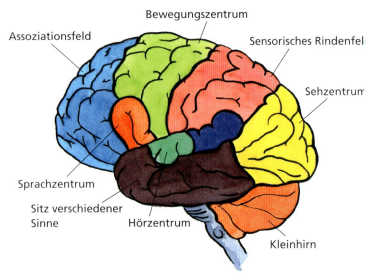

Die Funktionsweise des Gehirns ist sehr kompliziert. Dies ist eine grobe Einteilung, welcher Bereich für welche Fähigkeit zuständig ist

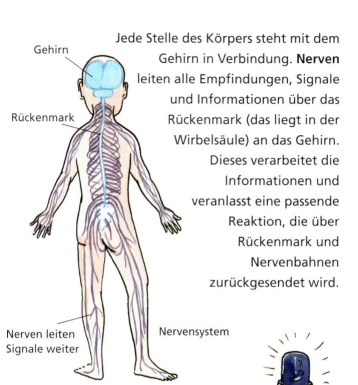

Jede Stelle des Körpers steht mit dem Gehirn in Verbindung. **Nerven** leiten alle Empfindungen, Signale und Informationen über das Rückenmark (das liegt in der Wirbelsäule) an das Gehirn. Dieses verarbeitet die Informationen und veranlasst eine passende Reaktion, die über Rückenmark und Nervenbahnen zurückgesendet wird.

Reflexe schützen vor Gefahren

Berühren wir einen heißen Topf, ziehen wir die Hand automatisch zurück – das ist ein **Reflex**. Wir haben Reflexe, damit wir in Gefahrensituationen sofort reagieren und nicht erst über die richtige Handlung nachdenken müssen.

Alles fließt

Das **Herz** pumpt Blut durch den Körper: zunächst in die Lunge, wo es mit Sauerstoff angereichert wird und dann zum Herzen zurückfließt. Das nun sauerstoffreiche Blut wird zu den Organen gepumpt. Im Darm nimmt es Nährstoffe aus der Nahrung auf. Das jetzt auch nährstoffreiche Blut versorgt dann über die Blutbahnen alle Zellen des Körpers. Anschließend fließt das sauerstoff- und nährstoffarme Blut zurück zum Herzen und der Kreislauf beginnt von vorne.

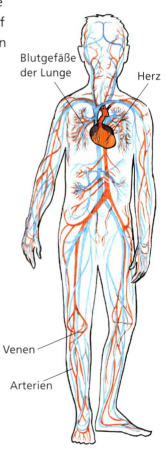

Rote und weiße Blutkörperchen

Das **Blut** besteht unter anderem aus roten und weißen Blutkörperchen. Die roten Blutkörperchen sind die Sauerstoff-Transporter. Die weißen Blutkörperchen schalten Krankheitserreger aus. Wenn wir krank sind und Fieber haben, vermehren sie sich, um die Krankheitserreger zu bekämpfen.

Rotes Blutkörperchen

Weißes Blutkörperchen

In den Arterien fließt sauerstoffreiches Blut

In den Venen fließt sauerstoffarmes Blut

Bissig

Mit unseren **Zähnen** zerkleinern wir die Nahrung.
Als Kleinkind bekommen wir 20 Milchzähne, die
später durch die bleibenden Zähne ersetzt werden.
Dieses bleibende Gebiss besteht aus 28 Zähnen.
Manche Menschen bekommen später noch vier
Weisheitszähne dazu und haben dann 32 Zähne.

Jeder Zahn hat eine **Wurzel**, mit der er im Kiefer-
knochen verankert ist. Der Teil des Zahnes, der
aus dem Zahnfleisch herausragt, ist die **Zahnkrone**.
Sie ist überzogen mit **Zahnschmelz**, dem wider-
standsfähigsten Stoff des Körpers. Da der
Zahnschmelz sich aber nicht erneuert, wenn er
beschädigt ist, müssen wir unsere Zähne pflegen
und regelmäßig kontrollieren lassen.

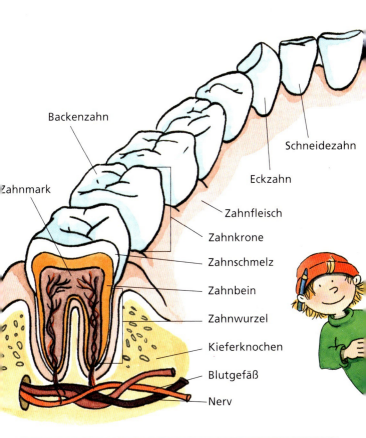

Auf den Zahn gefühlt

Der Mensch hat normalerweise acht Schneidezähne und vier Eckzähne. Alle übrigen Zähne heißen Backenzähne.

Was braucht unser Körper?

Unser Körper braucht auch Flüssigkeit und Energie – beides erhalten wir durch unsere Nahrung. Die energieliefernden Fette und Kohlehydrate sind in Brot, Müsli, Nudeln und Kartoffeln enthalten. Außerdem brauchen wir Eiweiße, die wir zum Beispiel mit der Milch aufnehmen. Obst und Gemüse sind sehr wichtig, sie liefern Vitamine und Mineralien, etwa Calcium für Knochen und Zähne.

Ganz schön flüssig

Der menschliche Körper besteht zu fast drei Vierteln aus Wasser. Da er auch Wasser verbraucht, z.B. wenn er schwitzt, müssen wir viel Flüssigkeit aufnehmen. Darum ist trinken so wichtig.

Vom Mund in den Bauch

Das zerkleinerte Essen wandert vom Mund über die Speiseröhre in den Magen. Dort stellen Magensäfte daraus einen Brei her und lösen erste Nährstoffe heraus. Der Brei wandert dann in den Darm. In seinen verschiedenen Teilen werden mit Hilfe von Verdauungssäften und Bakterien weitere Stoffe herausgelöst und vom Blut aufgenommen. Über die Blutbahnen werden diese dann im Körper verteilt. Alles, was wir nicht brauchen, wandert in den Enddarm und wird als Kot ausgeschieden.

Speiseröhre
Leber
Gallenblase
Magen
Bauchspeicheldrüse
Dünndarm
Dickdarm

Das Herz

Das **Herz** ist ein großer Muskel und ein lebenswichtiges Organ. Es pumpt das Blut durch den Körper. Das Herz sitzt hinter den Rippen auf der linken Körperseite. Bei erwachsenen Menschen schlägt es etwa 70- bis 80-mal pro Minute, wenn er ruht; bei einem Kind 90- bis 100-mal. Bei Anstrengung schlägt es schneller.

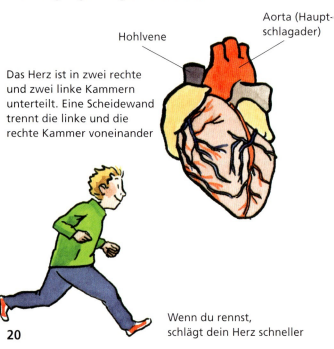

Das Herz ist in zwei rechte und zwei linke Kammern unterteilt. Eine Scheidewand trennt die linke und die rechte Kammer voneinander

Hohlvene

Aorta (Hauptschlagader)

Wenn du rennst, schlägt dein Herz schneller

Wichtige Organe

Auch **Magen**, **Leber**, **Nieren** und **Blase** sind wichtige Organe. Durch die Speiseröhre gelangt die Nahrung in den Magen. Der dort entstehende Speisebrei wird in den Darm transportiert. Die Nieren und die Leber filtern Giftstoffe aus dem Blut. Die Stoffe, die die Nieren herausfiltern, werden als Harn in der Harnblase gespeichert, bis der Körper sie ausscheidet.

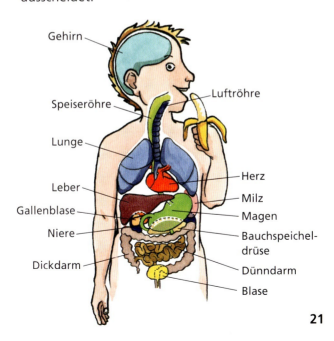

Leber, Galle und Milz

Die **Leber** produziert Stoffe, die dafür sorgen, dass Blut gerinnt und Wunden sich schließen, sowie den Gallensaft. Er wird in der **Gallenblase** gespeichert oder direkt in den Darm geleitet. Dort hilft der Gallensaft, Fette in der Nahrung zu zerlegen und damit verdaubar zu machen. Die **Milz** befindet sich in der Nähe des Magens und stellt Stoffe her, mit denen der Körper Krankheiten bekämpfen kann, zum Beispiel weiße Blutkörperchen.

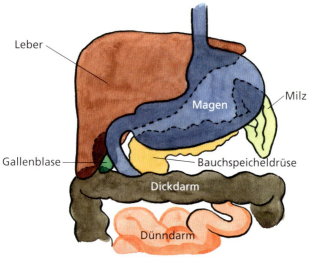

Die Fortpflanzungsorgane

Die Fortpflanzungsorgane von Mädchen und Jungen unterscheiden sich: Mädchen haben eine **Scheide**, in ihrem Körper liegen die **Gebärmutter** und die **Eierstöcke**. In den Eierstöcken reift ab der Pubertät monatlich ein Ei heran, aus dem sich nach einer Befruchtung ein Kind entwickeln kann. Jungen haben einen **Penis** und einen Hodensack. In den **Hoden** bilden sich die Samenzellen. Sie können ein Ei befruchten.

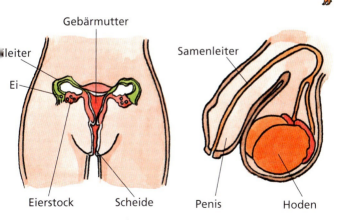

Pixi Wissen Rätselseite

1. Kreise die gesunden Nahrungsmittel grün ein und die ungesunden rot.

Lösung

1. Chips, Hamburger, Schokolade sind ungesund.
3. Bizeps

2. Im rechten Bild sind zwölf Fehler.
   Findest du sie?

3. Mit welchem Muskel beugst du den Arm?

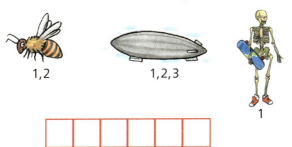

1,2   1,2,3   1

Pixi Wissen Lexikon

Atmung Beim Einatmen nimmt der Körper durch die Lungen Sauerstoff auf. Beim Ausatmen gibt er Kohlendioxid ab. Den Sauerstoff braucht er, um Energie zu gewinnen. Ein Erwachsener atmet etwa 15-mal pro Minute ein, ein Kind etwa 25-mal.

Fieber Die normale Körpertemperatur des Menschen beträgt etwa 37 Grad Celsius. Liegt sie höher, hat man Fieber. Mit der Erhöhung der Temperatur werden Krankheitserreger bekämpft. Fieber ist also keine Krankheit, sondern ein Weg des Körpers, wieder gesund zu werden.

Gehör Über das Gehör, also über das Ohr, nimmt der Mensch Schallwellen auf. Sie werden an das Hörzentrum im Gehirn weitergeleitet, das diese Informationen entschlüsselt.

Haut Die Haut hat viele Funktionen: Sie polstert den Körper ab, schützt ihn vor schädlichen Sonnenstrahlen und vor Bakterien und Keimen. Sie bildet Schweiß und reguliert damit die Körpertemperatur. Mit der Haut kann der Mensch die Umwelt wahrnehmen, z.B. fühlen.

Hormone
Hormone werden im Körper gebildet. Hormone steuern zum Beispiel den Stoffwechsel und das Wachstum, aber auch Gefühle.

Schlaf
Während der Mensch schläft, atmet er langsamer und auch sein Herz schlägt nicht so schnell wie im Wachzustand. Diese Ruhephase braucht der Körper, um sich zu erholen. Ein Kind braucht täglich zwischen 9 und 11 Stunden Schlaf, ein Erwachsener 7 bis 8 Stunden. Ein Drittel des Lebens verbringt der Mensch also schlafend.

Verdauung
Die Nahrung, die wir zu uns nehmen, wird im Körper in einzelne Bestandteile zerlegt und aufgenommen. Das geschieht z.B. in Mund, Magen und Darm.

Zelle
Alle Lebewesen, auch der menschliche Körper, bestehen aus vielen, winzigen Bausteinen: den Zellen. Es gibt verschieden Zellarten, die unterschiedliche Aufgaben übernehmen, z.B. Muskelzellen oder Nervenzellen.

Pixi Wissen Quiz

1. Aus welcher Fremdsprache stammen die meisten medizinischen Bezeichnungen für die Körperteile?

a) Aus dem Finnischen
b) Jeder Arzt denkt sich eigene Bezeichnungen aus.
c) Aus dem Lateinischen

2. Der Mensch besteht zu einem großen Teil aus Wasser. Wie viel ist es?

a) Etwa 10 Prozent, also zu einem Zehntel
b) Etwa 66 Prozent, also zu zwei Dritteln
c) Etwa 99 Prozent, also fast vollständig

3. Wofür hat der menschliche Körper kein Sinnesorgan?

a) Für Temperatur   b) Für Schmerzen
c) Für Hausaufgaben

4. Wie schwer ist das Gehirn eines Erwachsenen im Durchschnitt?

a) 1500 Gramm (das sind 1,5 Kilo)
b) 150 Gramm (das sind 0,150 Kilo)
c) 15 000 Gramm (das sind 15 Kilo)

5. Die Adern mit dem sauerstoffreichen Blut und die mit dem sauerstoffarmen Blut heißen …

a) Arterien und Venen   b) Eterien und Zenen
c) Karius und Baktus

6. Wie viel Blut fließt im Körper eines Erwachsenen?

a) Im Körper fließt Milch, kein Blut.
b) 20 Liter   c) 5 bis 6 Liter

7. Wozu dient das gelbe, fettige Ohrenschmalz?

a) Damit andere sich ekeln
b) Um das Innenohr vor Dreck, Bakterien oder Insekten zu schützen   c) Um ihn herauszupopeln

8. Wozu hat der Mensch Wimpern?

a) Um anderen schöne Augen zu machen
b) Um sie schwarz zu färben
c) Um das Auge vor herumfliegenden Teilchen zu schützen

Lösung: 1c 2a 5a 6c 3c 7b 4a 8c

Pixi Wissen präsentiert

Bd. 1
Pferde und Ponys
ISBN 978-3-551-24051-4

Bd. 2
Piraten
ISBN 978-3-551-24052-1

Bd. 3
Erde
ISBN 978-3-551-24053-8

Bd. 10
Planeten und Sterne
ISBN 978-3-551-24060-6

Bd. 11
Das Meer
ISBN 978-3-551-24061-3

Bd. 17
Tiere in Garten und Wald
ISBN 978-3-551-24061-3

Bd. 21
Dinosaurier
ISBN 978-3-551-24071-2

Bd. 23
Fußball
ISBN 978-3-551-24073-6

Bd. 24
Streiten und Vertragen
ISBN 978-3-551-24074-3

Bd. 32
Mein Fahrrad
ISBN 978-3-551-24082-8

Bd. 33
Strand und Watt
ISBN 978-3-551-24083-5

Bd. 34
Bauernhoftiere
ISBN 978-3-551-24084-2

Bd. 35
Toleranz und Respekt
ISBN 978-3-551-24085-9

Bd. 36
Der Wald
ISBN 978-3-551-24086-6

Bd. 37
Experimente mit Wasser
ISBN 978-3-551-24087-3

Bd. 38
Experimente mit Luft
ISBN 978-3-551-24088-0

Bd. 39
Experimente mit Licht
ISBN 978-3-551-24089-7

Bd. 40
Experimente mit Energie
ISBN 978-3-551-24090-3